BEI GRIN MACHT SICH IHR WISSEN BEZAHLT

Klinische Psychologie. Gesundheitsförderung- und beratung

Ivana Krizic

GRIN

Bibliografische Information der Deutschen Nationalbibliothek:

Die Deutsche Nationalbibliothek verzeichnet diese Publikation in der Deutschen Nationalbibliografie; detaillierte bibliografische Daten sind im Internet über http://dnb.d-nb.de abrufbar.

ISBN: 9783389043806
Dieses Buch ist auch als E-Book erhältlich.

© GRIN Publishing GmbH
Trappentreustraße 1
80339 München

Druck und Bindung: Books on Demand GmbH, Norderstedt Germany
Gedruckt auf säurefreiem Papier aus verantwortungsvollen Quellen

Das vorliegende Werk wurde sorgfältig erarbeitet. Dennoch übernehmen Autoren und Verlag für die Richtigkeit von Angaben, Hinweisen, Links und Ratschlägen sowie eventuelle Druckfehler keine Haftung.

Das Buch bei GRIN: https://www.grin.com/document/1485969

Inhaltsverzeichnis

Abkürzungsverzeichnis

Bzw.	beziehungsweise
z.B.	Zum Beispiel

1. Sokratische Gesprächsführung

1.1 Allgemeine Definition des sokratischen Gesprächs

Der erste Teil der Arbeit bezieht sich auf die sokratische Gesprächsführung. Im Folgenden soll zunächst im Allgemeinen definiert werden, was sich unter einem sokratischen Gespräch verstehen lässt. Laut Heckmann (2018) wird die sokratische Methode dann angewendet, wenn Menschen durch das gemeinsame Erwägen von Gründen versuchen der Wahrheit in einer Frage näherzukommen. Diese Vorgehensweise lässt sich häufig in Gesprächen beobachten. Deswegen beschreibt Heckmann ein Gespräch dann als sokratischen, wenn diese Vorgehensweise dauerhaft und durchgehend das Gespräch bestimmt und nicht nur sporadisch. Zusammengefasst findet ein sokratisches Gespräch dann satt, wenn Menschen durchgehend versuchen, gemeinsam Gründe zu erwägen.[1]

Laut Lutschewitz (2020) ist das sokratische Gespräch durch Reflektieren von Erfahrungen, welche allen Gruppenteilnehmern zu Verfügung stehen, geprägt. Ein Dialog ist immer dann sokratisch, wenn die Teilnehmer eigenständig den Weg von konkreten Erfahrungen zur allgemeinen Einsicht gehen. Dies gelingt durch fünf Maßnahmen, welche im Folgenden genauer vorgestellt werden:[2]

1. Gebot der Rückhaltung:
Die Gesprächsleitung soll zu Beginn die Gruppenteilnehmer auf ihr eigenes Urteilsvermögen hinweisen. Dies tut sie, indem sie ihre eigene Meinung bzw. Ansicht über das jeweilige Thema nicht zu erkennen gibt und jeder Teilnehmer sich dadurch besser eine eigene Meinung bilden kann. Die Leitung muss zudem den Teilnehmern im Hinblick auf die Einsicht im Gesprächsgegenstand oder auf die Erfahrung im Bemühen um Einsicht voraus sein.[3]

---

[1] Das sokratische Gespräch, S. 19.
[2] Lutschewitz (2020), S. 31–32.
[3] Lutschewitz (2020), S. 31–32.

2. Im konkreten Fuß fassen:

Ein allgemein formulierter Gedanke soll von den Teilnehmern durch ein Beispiel erläutert werden. Je näher dieses am eigenen Erfahrungsbericht liegt, desto besser.[4]

3. Achtsam sein, ob die Teilnehmer sich wirklich verstehen

Wenn etwas zweifelhaft ist, ist eine genaue Verständigung unentbehrlich. Die teilnehmenden Personen sollen ihre Gedanken so zum Ausdruck bringen, dass die anderen sie verstehen, und Bemühen zeigen die Gedanken der anderen ebenfalls aufzufassen. Die Gesprächsleitung kann das Verständnis durch folgende Fragen kontrollieren: Haben sie das verstanden? Sind sie richtig verstanden worden?[5]

4. Das Festhalten an der gerade erörterten Frage

Beim Thema bleiben. Die Gesprächsleitung muss darauf achten, dass jede Frage ausreichend geklärt wird. Sollte der Fall auftreten, dass eine bestimmte Frage nicht geklärt werden kann, muss diese bis zu einem späteren Zeitpunkt zurückgestellt werden.[6]

5. Hinstreben nach Konsens

Das Motiv des sokratischen Gesprächs ist das Hinausstreben über bloß subjektives Meinen, das Streben nach Gültigem und nach der Wahrheit. Aufgrund dessen ist die Prüfung der Gründe für alle Behauptungen von großer Wichtigkeit. Zudem muss sichergestellt werden, dass die Gründe von allen Teilnehmern als zureichend anerkannt werden.

Sobald im sokratischem Dialog Konsens über eine Aussage erreicht wurde, hat diese nur einen vorläufigen Charakter. Es bestehen keine Zweifel mehr über die erarbeitete Aufgabe. Es kann jedoch ein neuer noch nicht geprüfter Gesichtspunkt unter die Lupe genommen werden, welcher neue Zweifel hervorruft. Somit muss die vorherige nicht mehr angezweifelte Aussage erneut geprüft werden. Im sokratischen Gespräch wird der Begriff „irrtumsfreie

---

[4] Lutschewitz (2020), S. 31–32.
[5] Lutschewitz (2020), S. 31–32.
[6] Lutschewitz (2020), S. 31–32.

Wahrheit" nicht vorausgesetzt. Es wird lediglich vorausgesetzt, dass eine Aussage falsch oder nicht hinreichend begründet ist.[7]

6. Lenkung

Hierunter fallen alle Methoden bzw. Maßnahmen, welche die Gesprächsleitung benutzt, um das Gespräch in effektive Bahnen zu lenken. Damit kann das Gespräch vor Phänomenen wie dem Verlieren eines klaren Gedankenganges oder dem Zerfließen des Gesprächs bewahrt werden. Allein deswegen ist es nötig, dass die Leitung ihren Fokus nicht auf das Vertreten ihres Standpunktes zu der diskutieren Sache legt, sondern darauf, dass wesentliche Fragen und gedankliche Ansätze geklärt werden.[8]

1.2 Einfluss der sokratischen Gesprächsführung auf „Resilienz" und „Stressoren"

Im folgenden Teil der Arbeit soll geklärt werden, inwiefern sich über die sokratische Gesprächsführung „Resilienz" und „Stressoren" beeinflussen lassen. Unter Resilienz lässt sich die gesunde psychische Entwicklung, trotz schwerwiegender Belastungen und widriger Lebensumstände verstehen. Der Begriff Resilienz leitet sich aus dem Englischen „resilience" ab und bedeutet wörtlich Übersetzt "Spannkraft, Widerstandsfähigkeit und Elastizität" ab. In der Psychologie spricht man von Resilienz, wenn ein Individuum die Fähigkeit besitzt, erfolgreich mit belastenden Lebenssituationen und negativen Folgen von Stress umgehen zu können. Beispiele für solche belastenden Lebenssituationen oder Stresssituationen sind: Verlust einer nahestehenden Person, das Leben in Armut oder eine Abhängigkeitserkrankung innerhalb der Familie. In solchen Situationen ist ein hohes Maß an Resilienz gefragt. Wichtig zu beachten ist, dass Resilienz kein Persönlichkeitsmerkmal ist, sondern von zwei Faktoren abhängt, diese lauten: 1. Bestehen einer Risikosituation und 2. Die positive Bewältigung dieser, aufgrund von eigenen Fähigkeiten. Resilienz Verhalten ist nicht von Geburt an vorhanden oder eben nicht, sondern entsteht

---

[7] Lutschewitz (2020), S. 31–32.
[8] Lutschewitz (2020), S. 31–32.

durch einen Interaktionsprozess zwischen Individuum und Umwelt. Resilienz ist eine variable Größe, welche sich im Laufe des Lebens, abhängig von den bewältigten Situationen und Erfahrungen, zeigt oder ausbleibt.[9] Die Entstehung der Resilienz basiert auf risikomildernden bzw. schützenden Faktoren. Diese tragen die Bezeichnung Schutzfaktoren und dienen dazu bei belastenden Situationen die Auftretenswahrscheinlichkeit von Störungen zu minimieren. Hierbei kann zwischen personalen und sozialen Schutzfaktoren unterschieden werden. Zu den personalen Schutzfaktoren zählen individuelle Lebenskompetenzen, Persönlichkeitsmerkmale und spezifische Bewältigungsstrategien, aber auch körperliche Schutzfaktoren (z.B. widerstandsfähiges Immunsystem und körperliche Gesundheit). In allen Altersklassen werden zudem eine hohe Selbstwirksamkeitserwartung, eine internale Kontrollüberzeugung, dispositioneller Optimismus und die Fähigkeit zum Erleben positiver Emotionen als protektive Faktoren angesehen. Als soziale Schutzfaktoren werden Faktoren der sozialen Umwelt eines Menschen bezeichnet. Dazu zählen die Sicherung der Grundbedingungen (angemessene Ernährung, ausreichend Wohnraum und Arbeit), wobei diese eine allgemein positive Wirkung auf die Gesundheit haben und dadurch nicht spezifisch unter risikoreichen Bedingungen wirksam werden. Als spezifischer Faktor der sozialen Schutzfaktoren, wird die soziale Unetrstützung gezählt. Diese kann die verschiedensten Formen annehmen, wie z.B. eine Partnerschaft, Sozialbeziehungen am Arbeitsplatz oder ein Netzwerk sozialer Beziehungen im privaten Umfeld. Schutzfaktoren haben eine interindividuelle und kontextabhängige Wirkung.[10]

In der Psychotherapie wird die sokratische Methode häufig angewandt, um eine Grundlage für eine psychisch gesunde Lebensweise zu schaffen. Hierbei wird die Übernahme von Eigenverantwortung, der Mut zu Selbstbestimmung das Festlegen eigener Lebensinhalte, Ziele und moralischer Normen vermittelt. Die sokratische Gesprächsführung kommt vor allem bei humanistischen Therapieformen zum Einsatz wie z.B. in der psychoanalytischen, tiefen- und individualpsychologischen Therapie und bei Gesprächs- und kognitiven Verhaltenstherapien. Im Folgenden soll genauer auf die sokratische Gesprächsführung im Rahmen der kognitiven Verhaltenstherapie eingegangen

---

[9] Resilienz, S. 9–10.
[10] Resilienz und Schutzfaktoren (2021).

werden. Durch das Verwenden der sokratischen Methode in der kognitiven Verhaltenstherapie kann eine nachhaltige und veränderungsresistente kognitive Umstrukturierung erfolgen. Durch das eigene Wiederlegen von alten dysfunktionalen Ideen der Patienten, wird der Widerstand reduziert, da so nicht die Psychologen für das Verhalten zur Verantwortung gezogen werden. Des Weiteren werden die neuen selbsterarbeiteten Ansichten stärker verteidigt und begründet. Wenn ein Patient, durch die naive Haltung des Therapeuten, dass Gefühl bekommt, dass seine neuen Erkenntnisse eine gute eigene Leistung sind, kann dadurch das Selbstvertrauen enorm gesteigert werden. Die größten Vorteile der sokratischen Gesprächsfügung liegen jedoch in der Steigerung der Eigenverantwortlichkeit, des selbstständigen Denkens und in der Abschwächung der Manipulierbarkeit durch Dritte bzw. Außenstehende.[11]

2. Gegenüberstellung des kognitiv-behavioralen Ansatzes und des klientenzentrierten Ansatzes

Bevor im folgenden Abschnitt genauer auf die Konvergenzen und Divergenzen des kognitiv-behavioralen Ansatzes und des klientenzentrierten Ansatzes eingegangen wird, sollen zunächst jeweils kurz die Menschenbilder erklärt werden, welche den beiden Ansätzen zugrunde liegen. Beim klientenzentrierten Ansatz wird das humanistische Menschenbild vertreten, das bedeutet, dass die Aufmerksamkeit vollkommen auf die erlebende Person gerichtet wird, sodass das Erleben zunächst im Hintergrund steht. Der Fokus liegt auf direkt spezifischen menschlichen Eigenschaften, wie z.B. auf der der Fähigkeit zu wählen, der Kreativität und der eigenen Wertsetzung und Selbstverwirklichung.[12]

Dem kognitiv-behavioralen Ansatz liegt das verhaltenstherapeutische Menschenbild zugrunde. Dieses integriert wissenschaftlich fundierte Modellvorstellungen aus mehreren Forschungsbereichen. Somit unterliegt der

---

[11] Stavemann (2007), S. 97–98.
[12] Der personenzentrierte Ansatz.

Organismus dem Prinzip der Selbstorganisation und bringt evolutionsbedingt die Qualität des menschlichen Bewusstseins hervor. Neben dem Bewusstsein über das eigene Erleben, wirken sich auch die jeweiligen Erfahrungen auf das Zentralnervensystem aus. Dieser Prozess ist die organische Voraussetzung für unser bewusstes Erleben. Der menschliche Organismus organisiert die kausalen Zusammenhänge von Erfahrungen anhand von emotionalen und kognitiven Verarbeitungssystemen. Vor diesem Hintergrund richten bestimmte Schemata die Verhaltensweisen auf aktuelle Anforderungen hin aus. Hierbei spielen vor allem frühere Beziehungserfahrungen eine große Rolle. Wenn ein Mensch früher positive Erfahrungen durch soziale Beziehungen gesammelt hat, wirkt sich dies positiv auf die Sicherheit in sozialen Bindungen, sowie auf die Explorationsbereitschaft in unbekannten Situationen aus.[13]

2.1 Der kognitiv-behaviorale Ansatz

Viele Menschen mit einer psychischen Erkrankung suchen sich professionelle Hilfe, weil sie stark darunter leiden, wie sie sich fühlen. Bei der kognitiv-behavioralen Therapie steht die Verringerung des emotionalen Leides im Vordergrund. Dies wird jedoch nicht durch die direkte Bearbeitung der Gedanken erreicht, sondern durch die Umformung der Gedanken und Überzeugungen, welche dem Leiden zugrunde liegen. Zudem wird versucht Verhaltensweisen und Situationen zu verändern, welche einen negativen Einfluss auf die Gedanken und Gefühle des jeweiligen Patienten haben. Bei dem kognitive-behavioralen Therapiekonzept, spielt der Zusammenhang zwischen Gedanken und Gefühlen eine wichtige Rolle. So wirken sich die Gefühle, welche eine Person in einer bestimmten Situation erlebt, darauf aus was die Person über die Situation denkt bzw. wie sie diese interpretiert. Zur Veranschaulichung soll im Folgenden ein kurzes Fallbeispiel vorgestellt werde: Zwei Personen erhalten beide von ihrem Partner zu Geburtstag eine Flugreise. Eine beschenkte Person denkt: „Wie schön, dass sich mein Partner

---

[13] Margraf/Schneider (2018), S. 66–67.

so viel Mühe gemacht hat. Ich freue mich sehr auf die gemeinsame Reise."
Diese Überlegung spiegelt Gefühle von Vorfreude, Zuneigung und Dankbarkeit
wider. Die andere Person hingegen denkt sich: „Oh nein! Ich habe Angst vor
dem Flug. Ich werde die ganze Zeit über Angst haben. Mein Partner ist echt
gedankenlos und das Geschenk ist die reinste Geldverschwendung." Diese
Gedanken spiegeln Gefühle von Angst und Ärger wider. Das Kernkonzept der
kognitiven Therapie besagt, dass Art und Weise der Interpretation einer
bestimmten Situation viel darüber aussagt, mit der Einstellung einer Person zu
sich und der Umwelt zusammenhängt. Im ersten Beispiel schätzt die Person die
Flugreise als völlig ungefährlich und angenehm ein. Woraus sie daraufhin
schleißt, dass ihr Partner sich viel Mühe gemacht hat ihr ein Geschenk zu
machen, worüber sie sich sehr freut. Die zweite Person schätzt die Flugreise
als etwas Gefährliches und risikoreiches ein. Folglich kommt sie zum
Entschluss, dass ihr Partner wenig Einfühlungsvermögen besitzt und sich nicht
ausreichend Gedanken gemacht hat ein passendes Geschenk zu finden. Für
gewöhnlich steht bei der Kognitiv-behavioralen Therapie der Einfluss von
Überzeugungen auf die Gedanken im Vordergrund. Die Überzeugungen
können jedoch auch direkt auf die emotionale Reaktion auf die Gedanken
beeinflussen. Auch hierzu ein kleines Fallbeispiel: Ein Kind und eine alte
Person nehmen im Winter beide eine Eisschicht auf dem Boden wahr. Beide
Personen denken sich „Es ist sehr glatt und ich könnte bei Betreten
ausrutschen." Die gefühlsmäßige Reaktion kann bei beiden Personen jedoch
sehr unterschiedlich sein. Dem Kind bereitet der Gedanken auf dem Eis zu
rutschen Freude und es macht ihm nichts aus, wenn es dabei hinfallen würde.
Die ältere Person ist sich bewusst, dass sie sich bei einem Sturz ernsthaft
verletzen könnte und bekommt daher beim gleichen Gedanken Angst.[14]
Zusammengefasst lässt sich festhalten, dass aus kognitiv-behavioraler
Sichtweise Symptome psychischer Erkrankungen, durch bestimmte
dysfunktionale Kognitionen aufrechterhalten. Dysfunktionale Kognitionen haben
nicht nur einen negativen Einfluss auf die Psyche, sondern können auch bei
Entscheidungsfindung, persönlichen Beziehungen und Konfliktlösungen
hindernd sein. Bei der kognitiv-behavioralen Therapie wird versucht, mittels
verschiedener Interventionstechniken, dysfunktionale Kognitionen zu

---

[14] Kognitiv-behaviorale Therapie bei Wahn und Halluzinationen, S. 1–3.

modellieren. Zudem kann versucht werden die alten irrationalen Kognitionen, durch neue hilfreiche Kognitionen zu ersetzen. [15]

2.2 Der klientenzentrierte Ansatz

Wie oben bereits erwähnt geht man bei dem klientenzentrierten Ansatz von einem humanistischen Menschenbild aus. Damit ist gemeint, dass der Mensch bereits von Geburt an eine „Selbst-Verwirklichungs-" und „-Vervollkommungstendenz" (Aktualisierungstendenz) besitzt. Diese führt unter günstigen Umständen zu einer Weiterentwicklung und Reifung der Persönlichkeit. Der Klient trägt also alles Wichtige für seine Heilung in sich. Somit kann er sich selbst am besten analysieren und Lösungsansätze für seine Probleme finden. Bei einer klientenzentrierten Psychotherapie versucht der Therapeut lediglich ein gutes Klima zu schaffen und somit dem gestörten Wachstum der Persönlichkeit auf die Sprünge zu helfen.[16] Der Therapeut versucht bei der personenbezogenen Gesprächstherapie eine im hohen Maße empathische, wertschätzende und kongruente Beziehung zu schaffen. Je mehr Wertschätzung und Kongruenz vorhanden sind, desto mehr Empathie entsteht auch. Empathie und Kongruenz beeinflussen im Gegenzug das Vorhandensein von Wertschätzung des Therapeuten.[17] Nach Carl Rogers, lässt sich die Beziehung zwischen dem Klienten und dem Therapeuten als zugewandt, zwanglos und druckfrei beschreiben. Dies führt dazu, dass der Betroffene seine Gefühle, Einstellungen und Probleme offen zum Ausdruck bringen kann. Während der therapeutischen Sitzung kann der Klient seine negativen und positiven Impulse und Strukturen in Erfahrung bringen und genauer kennenlernen. Beim klientenzentrierten Ansatz hält Rodgers sechs zentrale Elemente fest. Diese schaffen sie notwendigen Bedingungen für die Persönlichkeitsentwicklung und lauten:

1. Klient und Therapeut befinden sich in einem psychologischen Kontakt.

---

[15] Margraf/Schneider (2018), S. 646–647.
[16] Klientenzentrierte Psychotherapie.
[17] Handwörterbuch Sexueller Missbrauch, S. 312.

2. Der Klient befindet sich im Zustand der Inkongruenz und ist somit verletzbar und ängstlich.

3. Der Therapeut ist in der Beziehung kongruent.

4. Der Klient erfährt durch den Therapeuten bedingungslose positive Beachtung.

5. Der innere Bezugsrahmen des Patienten wird vom Therapeuten empathisch verstanden.

6. Der Klient nimmt, auch wenn nur zum Teil, das empathische Verstehen und die positive Beachtung des Therapeuten wahr.

Wenn diese sechs Bedingungen über einen bestimmten Zeitraum bestehen, kommt es seitens des Klienten zu einer konstruktiven Veränderung der Persönlichkeit. [18]

Zusammengefasst lässt sich sagen, dass die klientenzentrierte Therapie ein optimales Klima zwischen dem Therapeuten und dem Klienten voraussetzt. Somit wird es dem Klienten möglich eine Bewältigung für das gestörte Regelverhalten zu schaffen. Anders als bei anderen psychologischen Ansätzen, findet beim klientenzentrierten Ansatz eine ständige Entwicklungs- und Ressourcenorientierung des Klienten statt.[19]

3 Abgrenzung der Psychotherapie von der Beratung

Im folgenden Teil der Arbeit soll der Unterschied zwischen der Psychotherapie und der Beratung veranschaulicht werden. Dazu werden zunächst die beiden Begrifflichkeiten „Psychotherapie" und „Beratung" genauer erklärt. Daraufhin folgt zu den beiden psychologischen Interventionen jeweils ein Fallbeispiel, anhand dessen die jeweilige Vorgehensweise verdeutlicht werden soll.

---

[18] Helle, S. 147.
[19] Personenzentrierte Gesprächsführung Carl Rogers Infos über den Therapeuten (2019).

Die Psychotherapie ist der Teilbereich der psychologischen Interventionen, welcher Behandlungsmaßnahmen umfasst. Hierbei werden Klienten auf Basis einer Einwirkung mit überwiegend psychischen Mitteln behandelt. Laut Definition fordert die Psychotherapie eine Vielzahl von weiteren Bedingungen, diese lauten beispielsweise: das Anstreben der positiven Beeinflussung von Störungszuständen in Richtung auf ein gemeinsam erarbeitetes Ziel und einen kontrollierten und geplanten Behandlungsprozess, welcher auf lehrbaren Techniken basiert und sich auf eine Theorie normalen und pathologischen Verhaltens bezieht. Die wissenschaftliche Psychotherapie gilt in den jeweiligen Gesundheitssystemen als Heilbehandlung.[20] In der Psychotherapie werden als Anwendungsbereiche umschriebene Symptome, Symptomgruppen oder Störungsbereiche bezeichnet. Diese stellen Indikationsfelder für eine Psychotherapie dar. Die Anwendungsbereiche können mit Hilfe von Aktuellen Klassifikationen (ICD-10 oder DSM-IV) beschrieben werden. Beispiele hierfür sind: Angststörungen, Somatoforme Störungen, Beziehungsstörungen und Entwicklungsstörungen. [21]

Die psychologische Beratung ist eine kurzfristige, situative und freiwillige soziale Interaktion zwischen einem Berater und einer ratsuchenden Person. Sie kommt bei nicht-pathologischen Fällen zum Einsatz und basiert auf der Grundlage von professionellen Handlungskompetenzen. Hierbei werden Laien und Selbsthilfeinitiativen miteinbezogen, welche bei Informationsdefiziten, Entscheidungsproblemen oder Überforderung unterstützen. Die psychologische Beratung unterstützt zudem bei dem Beziehungsaufbau, der Informationsgewinnung und der Problemanalyse. Dazu werden diagnostische, anregende und stützende Methoden in Verknüpfung mit Informationen, Objektwissen, Reflexionen, sozialen Netzwerken und natürlichen Ressourcen verwendet. Die ausgelöste Veränderung durch Beratung ist auf kognitiv-emotionale Einsicht und aktivem Lernen zurückzuführen. Des Weiteren verfolgt die psychologische Beratung das Ziel die Selbsthilfebereitschaft, die Selbststeuerungskompetenz, die Situationsdefinitionen, die Entscheidungsfähigkeit und das Handlungsrepertoire der Ratsuchenden zu

---

[20] Margraf (2009), S. 7.
[21] Margraf (2009), S. 9.

verbessern. Hierbei liegt das Nutzen von Ressourcen in der Verantwortung des Hilfesuchenden.[22]

Allgemein lässt sich festhalten, dass der größte Unterschied zwischen psychologischer Beratung und Psychotherapie darin liegt, dass bei der Psychotherapie, im Gegensatz zur psychologischen Beratung, Menschen mit einer psychischen Erkrankung behandelt werden. Das Berufsbild des Psychotherapeuten fällt also in die Gruppe der Heilberufe. Psychologische Berater hingegen arbeiten nicht mit psychisch kranken Menschen zusammen, sondern helfen bei der Bewältigung temporärer Probleme bzw. von Lebenskrisen, die zum Beispiel durch Jobverlust, Trennung oder auch den Tod eines Angehörigen entstehen können.

Zudem zielt die Psychotherapie im Gegensatz zur psychologischen Beratung auf die Änderung der Persönlichkeit ab. Bei der Beratung soll lediglich die Stärkung und Nutzung der bestehenden Bewältigungsressourcen gefördert werden. Da bei der Psychotherapie eine psychische Erkrankung vorhanden ist sind die Klienten meist in Langzeitbehandlung. Die psychologische Behandlung erfolgt meist über einen kurzen Zeitraum, nämlich so lange, bis für das vorhandene Problem eine Lösung gefunden wurde.[23]

3.1 Vorgehensweise der Psychotherapie anhand eines Fallbeispiels

Fallbeispiel:

Frau M. ist 23 Jahre alt und studiert im zweiten Semester Wirtschaftsinformatik. Sie leidet seit dem 16 Lebensjahr zunehmend unter Zwängen. Damals ist ihre Mutter plötzlich an einem Herzinfarkt verstorben. Kurz darauf hat sie das erste Mal Zwänge entwickelt, z.B. konnte sie einige Buchstaben nicht mehr schreiben, da sie der Meinung war bestimmte Buchstaben bringen Unglück. In

---

[22] Beratung, (2014).
[23] Handbuch psychologische Beratung, S. 23.

den darauffolgenden Jahren tauchten die Zwänge immer wieder unterschiedlich stark ausgeprägt auf. Nach einem weiteren Todesfall in der Familie hat sich die Zwangserkrankung deutlich verschlimmert. Aktuell leidet sie an verschiedenen Kontrollzwängen und magischem Denken. Sie hat Angst, wenn bestimmte Rituale nicht ausgeübt werden, könnten andere Personen versterben.

Vorgehensweise in der Psychotherapie:

Als sich Frau M. aufgrund ihrer Zwangsstörung bei mir in psychotherapeutische Behandlung begab, fand zunächst eine genaue Problemanalyse statt. Hierbei wurden Form, Inhalt und Bedeutung der Zwänge herausgearbeitet. Zudem wurde bei der Therapieplanung das Vermeidungsverhalten und kognitive Vermeidung identifiziert. Dieser Schritt ist besonders wichtig, da bei der Verhaltenstherapie von Zwangsstörungen die Konfrontation mit Ängsten eine große Rolle spielt. Frau M. muss sich während der Therapie gefürchteten Reizen stellen, wie z.b. dem Schreiben von unglückbringenden Buchstaben oder Zahlen. Auf kognitiver Ebene wird während der Psychotherapie versucht Fehlinterpretationen, welche beim Auftauchen bestimmter Gedanken folgen, zu neutralisieren und somit die Zwangshandlung zu unterbinden. Für die Konfrontation und Reaktionsverhinderung ist eine gute Patient-Therapeut-Beziehung notwendig, da die ausgelösten Ängste ziemlich stark ausgeprägt sein können. Damit Frau M. die Konfrontation leichter fällt, demonstriere ich Ihr als Modell die konkrete Durchführung der jeweiligen Aufgaben. Neben dem verhaltensorientierten Teil der Therapie lernt Frau M. auch Fehleinstellungen zu identifizieren und dementsprechend zu verändern. Ich versuche ihr deutlich zu machen, dass durch das Vermeidungsverhalten die bestehenden Probleme entstehen und immer größer werden.[24]

---

[24] Machleidt (2004), S. 178.

3.2 Vorgehensweise der Beratung anhand eines Fallbeispiels

Fallbeispiel:

Frau S. und Herr S. stellten sich beide bei mir in der psychologischen Beratungspraxis vor. Das Paar leidet schon seit längerer Zeit an einem unerfüllten Kinderwunsch. Nachdem das Paar vergeblich zwei Jahre versucht hat, schwanger zu werden, entscheiden sie sich gemeinsam für eine künstliche Befruchtung. Dabei wurde bei ihr eine Endometriose und bei ihm eine schlechte Samenqualität festgestellt. Zu dem Zeitpunkt als das Paar meine Praxis aufsucht war Frau S. im Alltag ziemlich angespannt und hoch explosiv. Sie selbst bezeichnet sich als Zumutung für ihren Mann und ihr soziales Umfeld. Zudem leidet sie an innerer Unruhe und Schlafstörungen. Diese Probleme bestanden bereits vor der künstlichen Befruchtung, während dieser traten die Probleme jedoch vermehrt und stärker auf. Frau S. machte ihrem Mann enorme Vorwürfe wegen seiner schlechten Samenqualität. Dadurch wurde die Luft zwischen dem Paar immer dicker, was einen großen Einfluss auf das Intimleben der beiden hatte. Obwohl das Paar den Zusammenhang erkennt, können beide nicht richtig mit ihren Emotionen umgehen und bitten mich um Hilfe.

Vorgehensweise in der Beratung:

Zu Beginn der Beratung gebe ich sowohl Frau S. als auch Herr S. die Möglichkeit ihre jeweiligen Gefühle über die momentane Situation zu äußern. Dadurch möchte ich erreichen, dass die Kommunikation zwischen dem Ehepaar gestärkt wird und es ihnen leichter fällt die Gefühle des anderen zu berücksichtigen. Zudem biete ich ihnen Entscheidungshilfen zu medizinischen Therapieschritten an und vermeide somit auch damit verbundene mögliche Paarkonflikte im Vorfeld. In den Fokus der Beratung stelle ich die Hilfestellung bei der Bewältigung der aktuellen Lebenskrise und das Aufzeigen von Verhalten, welches sich negativ auf die Fruchtbarkeit auswirkt. Ein solches Verhalten ist in dem Fall z.B. das Äußern von Anschuldigungen von Frau S. ihrem Mann gegenüber, aufgrund seiner schlechten Spermienqualität. Denn dadurch steigt das Stresslevel von Herr S. enorm an, was wiederum dazu führen kann, dass Tubensamen produziert werden und die Fruchtbarkeit zusätzlich eingeschränkt wird. Um das Paar zu entlasten, versuche ich die emotionalen Krisen und die sexuellen Funktionsstörungen zu antizipieren, aktiv anzusprechen und zu akzeptieren. Zudem versuche ich auch dem Paar das Leben ohne eigenes Kind näher zu bringen, damit das Paar das Leben außerhalb des Kinderwunsches wieder entdeckt. Während der Beratungssituation versuche ich stets auf das emotionale Erleben beider Partner im Hinblick auf den Kinderwusch einzugehen und auch bei einseitigen Schuldzuweisungen eine Haltung einzunehmen, welche beide Seiten versteht.[25]

---

[25] *Wischmann* (2008), S. 8.

Literaturverzeichnis

Das sokratische Gespräch. Online verfügbar unter
https://books.google.de/books?hl=de&lr=&id=NZCODwAAQBAJ&oi=fnd&pg=P
P1&dq=sokratisches+gespr%C3%A4ch&ots=Im3KpDY8KS&sig=Bf-
J7Q6Mpa4MjcacueISVJhZm_w#v=onepage&q=sokratisches%20gespr%C3%A
4ch&f=false, zuletzt geprüft am 03.08.2021.

Handbuch psychologische Beratung. Online verfügbar unter
https://books.google.de/books?hl=de&lr=&id=QfPA72ptnWcC&oi=fnd&pg=PA7
&dq=psychologische+beratung&ots=yztWP6A1Eb&sig=jGX_C8mLY0IEBGsKjF
VVyz5qbow#v=onepage&q=psychologische%20beratung&f=false, zuletzt
geprüft am 29.11.2021.

Handwörterbuch Sexueller Missbrauch. Online verfügbar unter
https://books.google.de/books?hl=de&lr=&id=fwu53-
9VRb4C&oi=fnd&pg=PA312&dq=klientenzentrierte+gespr%C3%A4chspsychot
herapie&ots=I3r5OqCGkW&sig=S7oShtRQr_gfee5SxGUI-
GNq93E#v=onepage&q=klientenzentrierte%20gespr%C3%A4chspsychotherapi
e&f=false, zuletzt geprüft am 10.11.2021.

Helle, M. (2013). Die Gesprächspsychotherapie nach Carl Rogers. Online
verfügbar unter http://www.gwg-
ev.org/sites/default/files/shopdownloads/GDP_3-2013_Helle.pdf.

Beratung. (2014). Online verfügbar unter
https://www.spektrum.de/lexikon/psychologie/beratung/2133, zuletzt aktualisiert
am 04.12.2014, zuletzt geprüft am 29.11.2021.

Klientenzentrierte Psychotherapie. Online verfügbar unter
https://www.therapeutenfinder.com/lexikon/klientenzentrierte-
psychotherapie.html, zuletzt geprüft am 10.11.2021.

Kognitiv-behaviorale Therapie bei Wahn und Halluzinationen. Online
verfügbar unter
https://books.google.de/books?hl=de&lr=&id=D3Mos5h0EdIC&oi=fnd&pg=PP1
&dq=kognitiv+behaviorale+therapie&ots=MCfP8twNaY&sig=d3jo6ZWJedTjpzB

1b2bL7AZ_nA0#v=onepage&q=kognitiv%20behaviorale%20therapie&f=false, zuletzt geprüft am 09.11.2021.

Lutschewitz, Claudia (2020): Philosophie im Leadership. Sokrates als Inspiration und Empowerment. 1st ed. 2020. Wiesbaden: Springer Fachmedien Wiesbaden; Imprint: Springer Gabler (essentials).

Machleidt, Wielant (Hg.) (2004): Psychiatrie, Psychosomatik und Psychotherapie. 7., aktualisierte Aufl. Stuttgart: Thieme.

Margraf, Jürgen (2009): Kosten und Nutzen der Psychotherapie. Eine kritische Literaturauswertung. 1. Aufl. Heidelberg: Springer.

Margraf, Jürgen; Schneider, Silvia (2018): Grundlagen, Diagnostik, Verfahren und Rahmenbedingungen psychologischer Therapie. 4., vollständig überarbeitete und aktualisierte Auflage. Berlin: Springer (Lehrbuch der Verhaltenstherapie / Jürgen Margraf, Silvia Schneider (Hrsg.), Band 1).

Personenzentrierte Gesprächsführung Carl Rogers Infos über den Therapeuten (2019). Online verfügbar unter https://akademie-fuer-persoenlichkeitsentwicklung.de/carl-rogers/#:~:text=Klientenzentrierte%20Gespr%C3%A4chsf%C3%BChrung.%20Um%20seinen%20Ansatz%20nachweisen%20zu%20k%C3%B6nnen%2C,eine%20Atmosph%C3%A4re%20der%20Wertsch%C3%A4tzung%20und%20bedingungsfreien%20Betrachtung%20vorherrscht., zuletzt geprüft am 11.11.2021.

Resilienz und Schutzfaktoren (2021). Online verfügbar unter https://leitbegriffe.bzga.de/alphabetisches-verzeichnis/resilienz-und-schutzfaktoren/, zuletzt aktualisiert am 27.10.2021, zuletzt geprüft am 27.10.2021.

Resilienz. Online verfügbar unter https://books.google.de/books?hl=de&lr=&id=6RCbDwAAQBAJ&oi=fnd&pg=PA3&dq=resilienz&ots=bFk7XJCJ6E&sig=ZeMw2VLC816FPvchamL3e4ZER6k#v=onepage&q=resilienz&f=false, zuletzt geprüft am 23.10.2021.

Stavemann, Harlich H. (2007): Sokratische Gesprächsführung in Therapie und Beratung. Eine Anleitung für Psychotherapeuten, Berater und Seelsorger. 2., vollst. überarb. und erw. Aufl. Weinheim: BeltzPVU.

Der Personzentrierte Ansatz. Online verfügbar unter https://www.gwg-ev.org/wissen/personzentrierter-ansatz, zuletzt geprüft am 08.11.2021.

Wischmann, T. (2008): Der Traum vom eigenen Kind. In: *Gynäkologische Endokrinologie* 6 (S1), S5-S10. DOI: 10.1007/s10304-007-0216-7.